Les salles de bains

Les salles de bains

Texte de Marc Kitchen-Smith

Adaptation française de Julie Guinard

Gründ

toute une variété de motifs, parmi lesquels l'imitation carrelage, marbre, mosaïque, parquet et bois, ou même des reproductions photographiques de pelouses verdoyantes et de plages de galets.

Les dalles de vinyle autocollantes sont rapides à poser et peuvent se découper au format voulu avec un cutter. Le vinyle au mètre, particulièrement adapté aux salles de bains puisqu'il évite les jointures, doit être posé par un professionnel.

Le grain et les couleurs vives d'un revêtement en latex industriel donneront une belle ligne high-tech à une pièce de style contemporain.

Le linoléum

Ce revêtement existe à présent dans une gamme époustouflante de coloris marbrés et de motifs incrustés, au mètre ou en dalles. Chaud au pied, simple à entretenir, il est composé de matériaux naturels : huile de lin, jute et poudre de liège.

Pour une touche plus personnalisée, certains fabricants peuvent découper un motif au laser à votre convenance.

Le liège

Autre grand favori des revêtements de salles de bains, les dalles de liège, faciles à poser et bien isolantes. Pour y ajouter de la couleur ou des motifs, on peut peindre les dalles non imperméabilisées, en totalité ou au pochoir, avec des teintures pour bois ou de l'acrylique, que l'on imperméabilisera ensuite au polyuréthanne. Employez toujours des dalles de sol, de 3 cm ou 5 cm d'épaisseur, qui se vendent couramment en carrés de 30 cm de côté. Des plaques plus épaisses compenseront les éventuelles petites irrégularités de votre sol.

Les carreaux de céramique

Faciles à poser et à entretenir, ils ne présentent que deux inconvénients : ils sont froids sous les pieds nus, et les objets fragiles se briseront en tombant dessus.

Si votre maison est antérieure aux années 1920, vous aurez peut-être la chance de posséder un carrelage en terre cuite d'origine. Les carrelages neufs proviennent souvent de la Méditerranée et existent dans différentes couleurs, dimensions et formes.

La moquette

Pour ceux qui apprécient un confort absolu sous les pieds, la moquette est la seule solution. Prenez-la en fibres synthétiques et doublée de caoutchouc, afin qu'elle résiste à l'humidité. Veillez à ce qu'elle ne soit jamais détrempée, et épongez aussitôt éclaboussures ou projections d'eau.

à gauche Certains préfèrent la moquette, qui présente l'avantage d'être confortable, chaude et agréable aux pieds. Choisissez-la synthétique, avec un envers résistant à l'humidité.

à droite Le marbre est un revêtement de sol élégant pour une salle de bains et se prête particulièrement bien au style traditionnel.

l'éclairage

Si vous habitez dans une maison ancienne, votre salle de bains a peut-être été construite à la place d'une chambre, auquel cas vous disposez alors de beaucoup d'espace et de lumière. On peut remplacer les carreaux ordinaires des fenêtres par des vitres en verre dépoli, teinté, brossé ou granité, afin de tamiser la lumière du jour et de procurer plus d'intimité, en particulier la nuit.

La plupart des salles de bains modernes sont moins grandes que celles des demeures d'époque et ont des fenêtres proportionnellement plus petites.

Beaucoup ne reçoivent même aucune lumière naturelle. Un éclairage artificiel soigneusement conçu y est impératif, afin d'éviter toute sensation de tristesse ou de claustrophobie.

La sécurité

La sécurité est absolument primordiale lorsque l'eau et l'électricité sont en contact immédiat, comme c'est inévitablement le cas dans une pièce d'eau. Tout l'équipement électrique doit répondre aux normes de sécurité en vigueur et être correctement monté par un électricien qualifié.

Pour trouver des éclairages originaux, vous devrez vous adresser à des revendeurs spécialisés dans les installations industrielles ou d'extérieur, qui auront par exemple des lampes conçues pour les bateaux ou les piscines. Les abat-jour devront être étanches et entourer entièrement l'ampoule afin de la protéger de la condensation et de la vapeur.

Tous les fils doivent être correctement isolés et les commutateurs placés sur les murs extérieurs ou actionnés par des cordons. Les éclairages que l'on branche sur le secteur sont interdits. Les seules prises

à gauche Un spot présente l'avantage de diriger la lumière là où vous le souhaitez. Assurez-vous toujours qu'il est conçu spécifiquement à l'usage des salles de bains.

à droite Les miroirs sont bien évidemment essentiels dans cet espace, car c'est le seul endroit de la maison où l'on passe du temps à se regarder, que ce soit pour se brosser les dents, se coiffer, se raser ou se maquiller. En outre, ils ajoutent beaucoup de luminosité dans la pièce, quand la lumière naturelle fait défaut.

de courant autorisées dans une salle de bains sont celles situées à plus de 1 m de la baignoire et reliées à la terre ou alimentées par transformateur de séparation.

Il est important que la pièce soit bien aérée, tout particulièrement en l'absence de fenêtres. Une minuterie est souvent reliée au commutateur extérieur, de sorte que le ventilateur se met en route dès qu'on allume la lumière.

L'éclairage au néon
Un néon fluorescent fixé au milieu du plafond produira un éclairage efficace, mais ce type de lumière est assez vif et ne pardonne pas au réveil… c'est-à-dire précisément au moment où l'on occupe la salle de bains.

Il existe maintenant des tubes pastel, qui rendent l'éclairage au néon moins cru qu'il ne l'était autrefois.

Les spots encastrés
Si vous disposez d'un faux plafond suffisant – au moins 30 cm – vous pouvez y encastrer des spots orientés vers le bas. Ils sont idéaux pour les petites pièces et créeront une illusion de hauteur. Mais ils sont difficiles à déplacer, aussi prévoyez leur position afin qu'ils projettent la lumière sur le lavabo, la baignoire et la douche. Un variateur d'ambiance vous permettra de réduire l'intensité lumineuse selon votre humeur et le moment de la journée.

Les spots orientables
Ils doivent être conçus spécialement pour être utilisés dans les salles de bains, et fixés indifféremment au mur ou sur une réglette au plafond. Ils présentent l'avantage d'être orientables et peuvent être tournés de façon à diffuser la lumière sur les murs, ou sur un point particulier. Un spot se réfléchissant dans un miroir judicieusement positionné pourra illuminer une pièce sombre. Il existe des carreaux de miroirs autoadhésifs, plus économiques qu'une glace encadrée.

Les miroirs
Pour se raser, se coiffer, se brosser les dents ou se maquiller, on passe beaucoup de temps à s'observer dans le miroir. Afin d'éviter les ombres portées, et pour simuler le mieux possible la lumière naturelle, la source lumineuse doit être orientée vers le visage et non vers le haut.

Dans leur loge, les comédiens ont résolu ce problème avec des rangées de petites ampoules ou des tubes à incandescence disposés de chaque côté du miroir ou tout autour. Ces ampoules diffusent une clarté douce et uniforme et sont assez distantes pour ne pas éblouir.

à gauche Les spots encastrés dans le plafond assurent un éclairage descendant efficace et sont particulièrement recommandés dans les petites salles de bains. Seul inconvénient, ils sont difficiles à déplacer une fois installés.

à droite Cette applique est à la fois jolie et extrêmement pratique : le globe de verre enveloppe entièrement l'ampoule, ce qui en fait un éclairage absolument sans danger malgré la condensation.

Les salles de bains firent leur apparition chez les particuliers à la fin des années 1870. Cela marqua la naissance de la pièce spécifiquement prévue pour abriter baignoire, lavabo et toilettes. À l'époque, un tel luxe était l'apanage des nantis. Le reste de la population se contentait d'un baquet portable rempli d'eau devant le poêle de la cuisine, d'une cruche assortie d'une cuvette sur une console dans la chambre, et de lieux d'aisances dans une cabane au fond du jardin. Vers la fin du XIXe siècle, la plomberie se banalisa et les logements neufs commencèrent à intégrer une salle de bains.

Le romantisme du début du siècle

Ce style de salles de bains s'inspire en fait du romantisme et de l'esprit pratique du début du XXe siècle. Cette association donne une pièce au charme désuet qui s'intègre parfaitement au cadre d'une maison ancienne, où un style plus moderne aurait été peu approprié.

L'équipement sanitaire

Les éléments remarqués de la salle de bains, comme la baignoire, le lavabo et les toilettes, sont lourds et excessifs, ayant été conçus par des ingénieurs sanitaires du XIXe siècle comme des objets dignes de figurer dans ces nouveaux temples de l'hygiène.

La baignoire en est l'apothéose. Elle est généralement en fonte, avec des rebords incurvés, simplement posée sur ses pieds de griffon ou bien enchâssée dans un coffrage en acajou raffiné. Les deux options traduisent le parti pris de présenter la baignoire comme un objet important en soi.

Le lavabo se doit également d'être grand et imposant, posé sur une colonne classique ou encastré dans une surface de marbre surmontant une armoire en acajou, évoquant ainsi les tables de toilette beaucoup plus anciennes.

Quant aux toilettes, elles consistent en un siège en acajou au-dessus duquel des supports en fonte ornementés soutiennent une chasse d'eau.

Les toutes premières salles de bains étaient décorées de motifs fleuris à dominante rose ou bleue sur fond blanc; les fabricants produisaient aussi de délicates porcelaines de table ainsi décorées. Vers la fin des années 1880, l'hygiène était devenue une préoccupation telle que le mobilier adapté était pratiquement toujours blanc. On trouve aujourd'hui des reproductions aussi bien en blanc qu'à motifs.

style traditionnel

La salle de bains traditionnelle est très ornée et surchargée de détails, avec une dominance de cuivre, d'acajou et de céramique blanche. C'est une pièce élégante et confortable, dans laquelle on se complaît à s'occuper de soi.

à droite Ici se côtoient installations d'origine et copies. La chaude couleur royale de la baignoire et la stricte ordonnance du miroir et des bougeoirs confèrent à cette pièce une touche gothique. On assista à la fin du XIXe siècle à un engouement pour le gothique, et tout élément de ce style que vous introduirez dans votre salle de bains ne fera que renforcer l'impression d'époque recherchée.

le souci du détail

Au tout début du XXᵉ siècle, les décorations ornementées et l'accumulation d'objets étaient très prisées, ce qui traduisait à la fois une fascination pour le passé et une obsession pour les collections. Retrouvez cette ambiance en disposant sur les tables, les lavabos et les rebords de fenêtres des coquillages, des galets, des vases de fleurs séchées et des coupes de pot-pourri.

Le goût du temps passé

En 1900, on se plaisait à immortaliser avec nostalgie des souvenirs du temps passé. Dans cet esprit, accrochez des tableaux ou des gravures romantiques dans des cadres dorés ornementés, ou disposez sur des tables de petites photos encadrées, à côté d'une collection de souvenirs. Ce genre de décoration n'est pas typique car les salles de bains de l'époque étaient spartiates et fonctionnelles, mais il permettra de suggérer l'âme idéalisée d'un intérieur ancien, tout en le rendant plus accueillant.

Il en va de même pour le mobilier. Si la place le permet, des meubles de salon en acajou tels que des chaises à dossier « en cuiller », un buffet ou une vitrine peuvent remplir un rôle pratique et apporter une touche d'élégance classique.

À défaut, introduisez des meubles plus conventionnels comme une console de toilette en marbre, rappel nostalgique de ce qu'était l'hygiène avant l'existence de la plomberie. Ajoutez à son authenticité en y posant un broc à eau et une cuvette d'époque.

Un peu d'inventivité

Autre caractéristique de cette période, la multiplication des inventions ; ainsi, n'hésitez pas à ajouter des gadgets comme des miroirs dépliants, des porte-serviettes chauffants, des porte-savons, des verres à dents ou des bols à blaireau, le tout de préférence en laiton.

Pour plus d'authenticité, choisissez de vieux radiateurs en fonte. On trouve des imitations et des originaux, qui ont été récupérés dans des écoles ou dans des hôpitaux modernisés. Dans la salle de bains d'inspiration traditionnelle, inutile de dissimuler les tuyauteries. Qu'elles soient au contraire ostentatoires, elles compléteront très bien le ton d'époque.

en haut à gauche Les accessoires, rangés négligemment sur un pont de baignoire à la fois fonctionnel et décoratif, prennent un petit air de « collection ». Observez que les objets sont de préférence en matériaux naturels, afin de conférer une tonalité nostalgique à la pièce. Essayez autant que possible d'éviter les articles en plastique de couleur vive.

en haut à droite Un lavabo aux accessoires en laiton et en porcelaine est une pièce maîtresse dans la création d'une salle de bains de style traditionnel. Ce type de lavabo date du tout début du siècle, où les styles classique et grec étaient à la mode. Les robinets seront toujours en laiton, car on utilisait rarement le chrome avant les années 1920.

en bas à gauche On a créé sur ce pan de mur une ambiance romantique en posant un élégant bougeoir sur un support de style gothique, à côté d'un miroir au cadre doré ouvragé. Les bougies ajoutent à l'authenticité en suggérant une époque antérieure à l'avènement de l'ampoule électrique.

en bas à droite Le simple agencement de ces quelques objets suffit à créer une précieuse collection. Un joli broc bleu et blanc tient compagnie à des porte-savons d'origine, l'un d'eux étant rempli de pot-pourri pour créer une « nature morte ». Leur couleur délicate se marie admirablement au mur pâle.

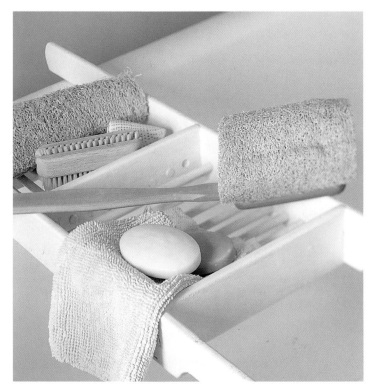

lumière et éclairage

Donnez aux fenêtres une allure féminine et romantique en les ornant de délicates dentelles qui tamiseront agréablement la lumière. Anciennes ou contemporaines, préférez-les avec des motifs de fleurs ou d'oiseaux.

À style traditionnel, décoration excessive : ajoutez un rideau plus épais, que vous pourrez draper de part et d'autre et retenir par des embrasses en laiton ornementées. Optez pour un chintz raffiné ou un imprimé plus prononcé.

Accrochez les rideaux sur une tringle en laiton ou en acajou. On en trouve facilement, et il existe toutes sortes d'embouts décoratifs. On peut également dissimuler une tringle plus ordinaire sous une cantonnière. Essayez de trouver un tissu coordonné aux voilages, avec une bordure festonnée, qui rendra votre salle de bains intime et chaleureuse.

Vitrail idéal

Un vitrail serait ici parfait, et si vous vivez dans une maison ou un appartement anciens, vous avez peut-être la chance d'en posséder déjà un. Sinon, vous pouvez faire tailler un modèle simple aux dimensions de votre fenêtre, ou dénicher un vitrail d'origine. Dans la journée, la pièce sera émaillée d'éclats de couleur extraordinaires.

Une note romantique

Le thème romantique se poursuit avec l'éclairage. Le mieux est sans doute d'installer des sources de lumière aux murs et au plafond.

Les appliques typiques de cette période ont de jolis globes en corolle, soutenus par des cols-de-cygne en laiton, richement ornés.

Les modèles authentiques ont des tons rubis et des couleurs laiteuses, ou sont incrustés de fleurs. Ces lampes sont du meilleur effet lorsqu'elles vont exposées par paire, par exemple de chaque côté d'un miroir.

Rien n'est jamais trop outré dans une salle de bains traditionnelle, et des lustres ajouteront à son caractère particulier. Le plus approprié ici sera un globe opalescent suspendu par des chaînes à une douille centrale fixée au plafond; il baignera ainsi la pièce d'une lueur chaleureuse, douce et feutrée.

en haut à gauche
On a associé ici de longs voilages en dentelle, dans lesquels sont tissés de délicats motifs fleuris, à un lambrequin souple recouvert d'un tissu monochrome illustrant des activités traditionnelles. La cantonnière a été piquée et on y a découpé un feston décoratif.

en bas à gauche Ce type d'embrasse sur un rideau de douche est aussi simple que raffiné. Souple, du même tissu à rayures que le rideau, elle recrée parfaitement et à peu de frais une atmosphère d'époque.

à droite Ce store élégant au bord largement festonné donne du caractère à la fenêtre. Il est de la même teinte que les murs, ce qui crée une ambiance uniforme et sereine tout à fait opportune.

surfaces et finitions

Si vous vous installez dans un appartement ancien, il y reste peut-être des éléments d'origine. En tout cas certainement au sol, aux murs et aux plafonds.

Les carrelages

Autrefois, les murs étaient souvent recouverts de carreaux blancs ou vernissés aux coloris chauds et prononcés. Les nuances pastel n'ont fait leur apparition que dans les années 1930.

Dans une petite salle de bains d'époque, les carreaux recouvraient l'intégralité des murs, du sol au plafond. Si elle était spacieuse et haute sous plafond, les murs étaient divisés horizontalement : chaque moitié était couverte d'un carrelage différent, et, entre les deux, une frise de carreaux décoratifs ou travaillés en relief, afin de souligner la « rupture ».

Quand les murs étaient trop inégaux pour la pose de carreaux, on choisissait parfois une frisette faite de lattes de bois à rainure et languette. Ces lambris verticaux occupaient généralement la partie inférieure des murs et faisaient l'objet de toutes sortes d'effets de peinture, conformément à la mode de l'époque.

Vous pouvez recréer cette ambiance en carrelant la partie basse de vos murs avec des reproductions de carreaux vernis, et en « marbrant » la partie supérieure. Les effets de peinture comme la marbrure, assez simples à réaliser, sont expliqués dans les manuels de décoration.

Pour diviser la surface du mur, la méthode la plus sûre consiste à employer des carreaux ou des lambris de teinte plus sombre que le mur peint ou le papier qui viendra au-dessus. Cela confère du poids à la moitié inférieure de la pièce et pondère les autres éléments imposants.

Les sols

Les parquets d'origine paraissent authentiques s'ils sont traités avec une teinture sombre. Pour une allure plus campagnarde, la couleur naturelle du pin conviendra tout aussi bien. Mais si vous désirez que votre salle de bains traditionnelle soit réellement impressionnante, optez pour des carreaux de céramique. Un carrelage émaillé en mosaïque ou géométrique produira un effet spectaculaire et mettra parfaitement en valeur votre baignoire à pieds griffus.

en haut à gauche
La décoration de cette salle
de bains est sobre, mais d'une
gamme de couleur agréablement
douce. Les carreaux blancs
d'époque et l'émail
de la baignoire sont complétés
par la chaleureuse teinte blonde
du plancher en pin.

en bas à gauche Ces pieds
de griffon ornementés sont mis
en valeur par leur couleur,
différente de celle du reste
de la baignoire. L'usage
prédominant de rouge soutenu
et de bordeaux, ainsi que
d'accessoires en laiton, confèrent
à la pièce un cachet royal.

à droite Un joli tapis rend cette
salle de bains moins solennelle
que ne le sont habituellement
celles de style traditionnel,
beaucoup plus ordonnancées.
Ici, un kilim ethnique chamarré
négligemment posé sur le vieux
parquet d'origine jette une note
de couleur bienvenue.

accessoires

La mode des objets Belle Époque a commencé à revenir dans les années 1970, en réaction contre l'austère ère moderniste qui débuta dans les années 1950. À cette époque, on démolissait couramment les demeures anciennes pour bâtir du neuf.

Récupération

Cette mode a donné naissance à des entreprises de récupération spécialisées, qui sauvaient les installations et matériaux d'époque pour les revendre aux particuliers désirant une décoration classique dans leurs habitations neuves.

Aujourd'hui, heureusement, la plupart des édifices anciens de valeur sont classés et protégés des bulldozers. Cependant, on modernise encore la décoration intérieure de nombreux immeubles de style, ce qui signifie que beaucoup de leurs installations d'origine sont impudemment supprimées ; on peut donc peut-être s'en procurer dans les établissements de récupération.

Authenticité

Pour créer une vraie salle de bains traditionnelle, cherchez des installations et des équipements d'origine patinés par le temps. Ainsi, les planchers ou parquets

à gauche Un élégant récipient en verre rempli de coquillages choisis constitue une décoration charmante qui ne vous coûtera pas grand-chose.

à droite Réunissez quelques objets sans prétention qui, une fois présentés ensemble, formeront une jolie « nature morte » et un point de mire. Un panier en céramique rempli de coquillages, de fleurs séchées et un porte-savon ancien, posés sur une petite table drapée d'un napperon, composent une collection romantique.

d'époque récupérés portent encore entailles et éventuelles traces de clous, ce qui leur donne beaucoup de caractère et d'authenticité.

Des carreaux émaillés d'origine, qui ornèrent jadis un vestibule victorien, peuvent aujourd'hui ajouter à votre salle de bains un accent gothique de circonstance. Des installations comme des baignoires 1900, des vasques, des radiateurs en fonte ou des robinets en cuivre peuvent être remises à neuf et fonctionner parfaitement tout en conservant leur cachet ancien. Les équipements à gaz et les vieilles lampes à pétrole peuvent également être électrifiés et adaptés sans difficulté aux normes modernes.

On trouve également aujourd'hui d'excellentes reproductions de tous ces éléments, parfois même difficiles à distinguer des vraies. Elles sont généralement mou-lées d'après des pièces originales, ce qui permet de recréer l'atmosphère d'une authentique salle de bains d'époque.

Bibelots anciens

Il ne manque pas non plus de petits objets anciens, parfaits pour enrichir une salle de bains de style traditionnel.

L'ère victorienne assista à l'aube de la révolution industrielle et de la production en série. Grâce à cela, de nombreuses curiosités d'époque, comme des porcelaines et des meubles, ont survécu au temps et se trouvent relativement aisément aujourd'hui. Elles sont parfois étonnamment bon marché, et ces petits objets authentiques apporteront la touche finale idéale à votre décoration.

Chinez chez les antiquaires, dans les marchés aux puces, brocantes et vide-greniers, et vous trouverez des brocs ou des plats aux motifs familiers bleu et blanc. Vous dénicherez peut-être une chaise ou un porte-serviettes en acajou, bois très à l'honneur à la fin du XIXe siècle et au début du XXe.

Mélangez divers éléments en porcelaine ancienne traditionnelle, qu'il s'agisse d'originaux ou de copies, avec des objets naturels que vous trouverez sans bourse délier sur la plage ou en forêt : coquillages, bois flotté, cailloux ou branches d'arbres. Ces assemblages harmonieux bien qu'hétéroclites ont un agréable charme désuet.

Les fleurs séchées odorantes, comme les roses ou la lavande, sont également les bienvenues dans une salle de bains de style traditionnel. Si vous les arrangez dans de jolis vases et coupelles, elles répandront dans la pièce un délicieux parfum d'antan.

à gauche Des coupelles de pots-pourris embaumeront l'air. Les coloris fanés évoquent les vieux souvenirs d'une époque révolue. Cette coupe pleine de rondelles de fruits séchés est une variante du pot-pourri classique.

à droite On trouve encore de la porcelaine à motifs bleu et blanc chez les antiquaires, mais sa popularité la rend assez onéreuse. Ici, les objets sont intéressants par leur disparité, avec notamment une cuvette en porcelaine et un porte-savon dans lequel le pot-pourri est mis en valeur.

La salle de bains champêtre est une petite pièce mansardée très douillette, avec un plafond bas et une charmante lucarne. Elle mêle des accessoires Belle Époque à de délicats motifs fleuris et de douces teintes pastel.

Ici, le fait d'avoir une pièce exiguë n'est pas un inconvénient, bien au contraire. Ses dimensions restreintes vous procureront l'atmosphère chaleureuse et intime dont vous avez besoin pour commencer la journée.

Votre objectif consiste à créer une pièce simple et impromptue, comme si son ambiance avait été obtenue avec le minimum d'efforts. Au final, on doit avoir l'impression qu'elle a toujours existé dans votre maison. Commencez par des installations vieillottes pour la baignoire, le lavabo et les toilettes. Choisissez des accessoires sobres mais de caractère,

qui se fondent harmonieusement dans l'ensemble. Optez de préférence pour le blanc, que vous compléterez par des teintes douces. La robinetterie sera désuète, cuivrée ou chromée.

Le tiers inférieur des murs est généralement recouvert d'une frisette, qui parfois enchâsse également la baignoire. La partie située au-dessus des lambris peut être peinte dans un coloris pastel ou tapissée de papier peint au motif délicat. On peut aussi en recouvrir tout le plafond, ce qui est du meilleur effet quand il est bas et incliné.

Une note rustique

Les sols doivent suggérer une atmosphère rustique. Teintez et cirez vos planchers en bois naturel, puis jetez simplement dessus une carpette ou un tapis de bain. Dans ce type de salles de bains, on

réduira au minimum le carrelage, qui rendrait la pièce froide et austère.

Les étagères ou les armoires de toilette devront être d'un style campagnard assez simple. Des bordures décoratives naïves sont souvent grossièrement sculptées sur les côtés. Vous pouvez les peindre pour les assortir aux autres éléments peints de la pièce. En principe, pour s'intégrer à un thème champêtre, les objets d'une certaine dimension doivent donner l'impression d'avoir été fabriqués par un artisan local, plutôt que de sortir d'une usine.

Ayez toujours dans votre salle de bains des fleurs coupées ou des plantes. Pensez aux références suggérant la campagne et les vergers, comme des semis sur le papier peint, les rideaux ou les coussins. Des appliques discrètes et raffinées aux abat-jour en corolle seront parfaitement appropriées.

style champêtre

Petite, douillette et intime, la salle de bains champêtre peut se recréer facilement et à peu de frais, dans une maisonnette au toit de chaume ou un appartement. Dans cette atmosphère romantique et rurale, les teintes pastel se marient admirablement à de délicats motifs floraux.

à droite Cet exemple présente tous les ingrédients d'une salle de bains champêtre. De simples éléments blancs s'harmonisent avec le papier peint au chintz délicat, pour créer une ambiance douce. Les lambris encastrant la baignoire et la petite étagère d'angle supportant un pot de fleurs étayent le thème pastoral, que complètent le vase de fleurs des champs, le tabouret rustique et le tapis de bain en coton brut.

le souci du détail

Les influences dominantes du style champêtre sont la campagne, son mode de vie rustique et les références à la nature elle-même.

Dans cet esprit, vous pouvez créer une atmosphère désuète et intemporelle toute en détails subtils. On est bien loin ici de l'ambiance outrée du début du siècle.

Essayez toujours de trouver de jolis accessoires, qu'il s'agisse de meubles ou de tapis, ils donneront à votre pièce une séduction et une chaleur particulièrement agréables.

N'hésitez pas à peindre le mobilier pour qu'il soit coordonné au reste, la salle de bains sera ainsi plus unifiée, plus harmonieuse.

Le charme rural

Dotez cette pièce d'un charme rural pittoresque en y introduisant de menus objets comme des coquillages, des galets, des petites boîtes et des fragments de verre coloré. Vous trouverez presque tout cela au hasard de vos promenades.

Tous les accessoires naturels sont les bienvenus, en particulier fleurs et plantes. Un vase de fleurs sauvages fraîchement cueillies insufflera une bouffée d'air pur à toute la pièce.

Un petit air vieillot

Quand vous choisissez une plante pour votre salle de bains, optez pour quelque chose de simple, avec un pot en terre cuite, par exemple, ou un vase contenant des fleurs des champs. Vous aurez déjà l'impression d'être dans un jardin.

Un vieux pot de fleurs en terre patiné par les ans et les intempéries sera idéal. Rien ne doit être trop recherché. Une collection de vieilles poteries ébréchées lui donnera un caractère intéressant et ne vous coûtera rien. Cela accentuera notamment cette notion de « vécu » que l'on recherche ici.

Essayez de faire figurer également un objet en fer forgé ou bien en fil de fer : une étagère, par exemple, un support d'applique, un porte-savon ou une jolie corbeille décorative. Le métal tourné et travaillé rappellera le lierre et les plantes grimpantes.

Pour les détails fonctionnels, comme les robinets et les mélangeurs de douche, préférez les modèles de style ancien, en laiton ou, de préférence, chromés.

en haut à gauche Les robinets anciens chromés de type « cabestan », la baignoire et les carreaux blancs brillants résument parfaitement l'atmosphère simple et pimpante de la salle de bains champêtre. Le vase de fleurs des champs fait naître les images d'une prairie toute proche.

en haut à droite L'étagère, discrète mais ravissante, a été repeinte pour s'accorder aux tonalités de la pièce. Notez le chant rustique particulièrement gracieux. Une étagère d'angle ainsi haut placée occupe très peu de place, tout en servant de support pour un bel objet ou une plante.

en bas à gauche De jolis détails conféreront à votre pièce d'eau un charme campagnard authentique. Cette corbeille en fil de fer ouvragé a beaucoup plus de caractère que n'importe quel article produit en série. Ici, elle renferme une collection de coquillages, mais on peut aussi y ranger des objets d'usage quotidien comme une éponge ou des savons.

en bas à droite Malgré la discrétion des teintes pastel et des motifs fleuris, vous pouvez essayer de faire ressortir une couleur dominante que vous accentuerez alors par des accessoires. Ici, on a joué sur les coloris présents dans les ramages du papier peint. Brosse à dents, verre et savon sur le lavabo blanc reprennent le mauve et le vert du papier peint et deviennent à eux seuls des éléments qui attirent l'œil.

à gauche Ce ravissant papier peint évoque les attraits de la vie rurale. Le motif doit être choisi avec soin, et ne pas être écrasant. Notez la baguette en bois encadrant le carrelage : elle orne les carreaux d'une jolie bordure et forme un trait d'union délicat avec le papier peint.

ci-dessus Ici, aucune des surfaces de la pièce n'a été laissée au hasard. Les lambris, le papier peint raffiné et les carreaux vernissés se complètent admirablement. Leur sobriété et leurs teintes douces constituent les ingrédients incontournables d'une salle de bains de style champêtre.

accessoires

Les éléments essentiels nécessaires pour recréer une salle de bains champêtre se trouvent aisément chez presque tous les commerçants spécialisés, y compris les lambris à rainure et languette, que vendent aussi les menuisiers de quartier ; ils sont relativement peu coûteux et produisent un effet spectaculaire. Une fois posés, poncés et peints, ils donneront l'impression d'avoir toujours été là.

Choisir les meubles

Si vous cherchez par exemple de jolies étagères ou armoires de toilette aux tranches sculptées, chinez chez les bro-canteurs et les antiquaires, ou même les foires à la brocante ou les vide-greniers, aussi bien en ville qu'à la campagne. Vous tomberez peut-être sur un modèle des années 1930 teinté ; ne vous laissez pas décourager par son aspect. Prenez du recul et imaginez-le personnalisé : repeint en blanc cassé ou bleu ardoise, il sera méconnaissable.

Il existe aussi des brocanteurs spécialisés dans le mobilier en pin. Vous y trouverez de beaux articles de style campagnard, qu'il suffira de peindre dans des coloris pastel délicats pour les coordonner à votre salle de bains.

De jolis détails

Pour les accessoires plus petits, mieux vaut aller faire un petit tour à la campagne ou tout simplement dans votre remise au fond du jardin. Cherchez des objets possédant une beauté intrinsèque une fois sortis de leur contexte.

Une pierre, une bouteille ancienne, ou même un arrosoir ébréché peuvent devenir des éléments intéressants. Faites appel à votre imagination et regardez votre jardin d'un œil neuf.

Et pourquoi ne pas créer vos propres œuvres ? Un grand bocal en verre rempli de morceaux disparates de porcelaine

à gauche L'emplacement ingénieux du miroir au fond de cette niche donne l'illusion que la pièce compte une fenêtre supplémentaire. Le rebord permet d'exposer une collection d'objets.

à droite Une armoire d'angle de style géorgien fait toujours très bel effet. Une atmosphère surannée d'apothicaire se dégage des flacons et sphères de verre. Armoires et étagères d'angle permettent d'importants gains de place en exploitant des emplacements souvent perdus.

à gauche Une plante dans un vieux pot de fleurs, une boîte ancienne, un joli flacon à parfum et une collection de coquillages contribuent à l'ambiance champêtre. Ils sont posés sur une étagère rustique typique, de la couleur dominante du papier peint.

ci-dessous Voici une magnifique harmonie de formes et de matières qui crée une atmosphère romantique. Le marbre clair entourant la vasque pourrait paraître froid et austère, mais, ici, l'effet est admirablement adouci par le grand miroir ovale et les rideaux ruchés.

brisée, par exemple, pourra constituer un beau point de mire. Transformer le banal en extraordinaire, telle est précisément la vocation de la salle de bains champêtre.

Plantes en pot

Si vous voulez des plantes dans votre pièce, essayez de dénicher de vieux pots en terre, qui seront beaucoup plus dans le ton que des pots neufs ou en plastique. Cherchez-en dans les brocantes ou les vide-greniers. À défaut, achetez-les neufs chez un horticulteur et donnez-leur vous-même une patine ancienne. C'est très simple, quoiqu'un peu long. Il suffit de les remplir de terre et de les laisser dehors plusieurs mois, afin que les sels minéraux contenus dans la terre s'infiltrent dans le pot et lui donnent son aspect imparfait. Vous pouvez aussi les vieillir instantané-ment : peignez-les tout simplement avec de la peinture blanche diluée et passez aussitôt un chiffon pour retirer le plus gros de la peinture.

Vous trouverez également toutes sortes de vieux outils de jardin et de bric-à-brac chez les brocanteurs ou les antiquaires : cruches à lait vernissées, anciens paniers à œufs en fil de fer, casiers à bouteilles métalliques… autant d'objets – et d'élé-ments de rangement insolites – fabuleux dans une salle de bains champêtre.

La salle de bains de style citadin n'est pas réservée aux avant-gardistes ou à une élite mondaine. Loin de là. Il s'agit d'une pièce qui tire parti d'un mariage de matières premières original et inattendu, et de ce que l'on fait de plus innovant en termes de matériel, installations et équipements.

Quand l'espace est à l'honneur, une décoration moderne produit un effet incomparable. Si vous avez une salle de bains réservée aux amis, le style citadin minimaliste est idéal, car les articles d'usage quotidien peuvent être réduits au minimum.

Des matériaux froids

Inspirés de l'architecture moderne et d'un design industriel élégant, les matériaux froids comme le verre, le marbre, le chrome ou l'acier sont intelligemment associés pour produire des effets spectaculaires. Ce type de salles de bains rappelle celles que l'on créait chez les particuliers dans les années 1920 et 1930.

À l'époque, la mode voulait que l'on remplace les équipements sur pied par des installations encastrées, afin de créer un style linéaire et dépouillé. Si le concept moderne est à peu près le même, on se soucie aujourd'hui davantage des matériaux employés, le résultat est beaucoup plus doux, plus sophistiqué.

L'impression d'ensemble est légère et aérienne, on se sent purifié à peine le seuil franchi. Cela ne signifie pas que votre pièce d'eau sera impersonnelle : tout dépendra des matériaux choisis.

Un étalage d'acier, de chrome et d'aluminium sur fond blanc produirait une atmosphère trop aseptisée, mais ajoutez des matières plus chaudes comme l'ocre, le marbre ou le cuivre, et l'effet high-tech est aussitôt atténué. Laissez les teintes naturelles des matériaux bruts créer le thème de couleur. Qu'elle soit à dominante blanche ou neutre, cette salle de bains ne doit pas être éclatante, mais feutrée et toute en subtilité.

Les coloris, graphismes et décoration seront dictés par la simplicité. S'il existe un motif ou un dessin itératif, qu'il soit très sobre. Laissez parler les magnifiques textures des matières premières.

Optimiser la lumière du jour

La luminosité met réellement en valeur ce type de salles de bains. Des flots de lumière naturelle entrant par les fenêtres contribueront à son aspect léger et aérien.

Dans cet esprit, on préférera à des cloisons aveugles les pavés de verre, qui laissent passer le jour.

style citadin

De tous les styles de salles de bains, celui-ci, le moins traditionnel, peut incontestablement être aussi le plus excitant. Ne vous laissez pas intimider : relevez le défi et faites-vous plaisir. À vous l'élégance, le modernisme et les dernières innovations !

à droite Avec ses lignes épurées, la salle de bains citadine est magnifiquement rafraîchissante. La couleur dominante est presque monochrome ; seuls le beige des vasques en marbre et le vert pâle des portes en verre de la douche colorent discrètement la pièce. Son agencement est merveilleusement mis en valeur par une frise de carrelage le long des murs et des sols.

le souci du détail

La salle de bains chic et citadine est immaculée et dépouillée : les accessoires doivent donc être minimalistes, sobres et choisis avec soin. Tout se joue sur les matériaux et les installations coordonnées. Ce sont les détails qui donnent à la pièce son aspect pur et élégant.

Les accessoires de salles de bains modernes sont tous beaux en eux-mêmes, ce qui ne peut s'apprécier que si l'endroit demeure exempt de fouillis. Comme si vous examiniez à la loupe une pièce que vous pensiez dénudée, et que vous y découvriez une foule de détails.

Les matériaux

Ce qui attire l'œil dans cet espace, ce sont les matériaux, les lignes pures et le mobilier. Les détails fonctionnels comme les étagères et les placards devront être incorporés au projet de départ. Des tablettes en verre souligneront l'aspect aérien et transparent de la pièce en laissant circuler la lumière et en éliminant les zones d'ombre indésirables.

Il est bienvenu d'employer des parois de douche en verre, car cela laisse passer la lumière et accentue la luminosité.

Vous pouvez opter pour du verre à vitre transparent, du verre dépoli ou brossé, ou des pavés de verre.

Styles de robinets

Choisissez de préférence une robinetterie chromée très stylisée à eau chaude et eau froide séparées, ou bien des robinets mélangeurs plus traditionnels, chromés, avec une jolie rondelle en céramique. Hormis le style et le matériau des robinets, vous pouvez également choisir leur agencement. Certains sont fixés sur le lavabo, d'autres peuvent être posés sur le mur adjacent.

Tous les autres accessoires, comme de beaux porte-savons où les savons eux-mêmes deviennent des éléments sur lesquels s'arrête le regard, ne font que renforcer l'atmosphère. La sobriété d'un simple flacon en verre, d'un coquillage, d'un distributeur de savon chromé ou d'une boîte pour les mouchoirs en papier ne crée pas de rupture dans cette ambiance contemporaine. Une reproduction ou une photographie accrochées au mur apporteront une note de couleur tranchant sur les nuances discrètes.

en haut à gauche Cet exemple illustre l'importance capitale du détail : le mélangeur en chrome encastré dans un bloc-lavabo en marbre ocre est élégant et sophistiqué. La surface en mosaïque, au fond, constitue un motif subtil et honore le souci du détail.

en haut à droite On peut créer avec des petits carreaux de mosaïque des motifs simples ; en les reproduisant, on formera une frise tout autour de la salle de bains. Cette interprétation abstraite de vagues marines ajoute un délicieux caractère nautique à la pièce. À la place de la mosaïque, vous pouvez composer au pochoir un effet similaire sur un mur carrelé uni.

en bas à gauche Lorsque l'on mise sur le détail, même les savons prennent une dimension nouvelle. Matières, couleurs et formes contribuent à l'univers que vous créez. Cette coupelle peinte à la main dans laquelle sont présentés de jolis savons ne semble pas plus importante que son contenu, mais elle a été soigneusement choisie pour le mettre en valeur.

en bas à droite Une collection d'objets est toujours attrayante. La nature organique de ces loofas réchauffe délicatement le chrome et la mosaïque de cette pièce.

lumière et éclairage

L'éclairage joue ici un rôle prépondérant, car il accentue la délicatesse des lignes et la beauté des matières premières. Ajoutez à l'atmosphère aérienne en tirant le meilleur parti de la lumière naturelle.

Le mieux est de ne rien mettre à la fenêtre, mais ce n'est pas forcément pratique. Même si votre fenêtre est grande, ne la rétrécissez pas en la flanquant de rideaux. Préférez des stores à enrouleur ou des stores vénitiens de couleur neutre et unie, qui sont soignés et discrets.

Lumière tamisée

Une lumière du jour tamisée est toujours agréable. Un tissu vaporeux comme de la mousseline ou du tulle accroché devant une fenêtre adoucit les ombres et les arêtes dans la pièce, tout en produisant une ambiance divinement éthérée.

Un autre moyen de filtrer la lumière consiste à employer des vitres en verre dépoli. C'est une solution plus permanente, mais idéale si vous désirez masquer une vue peu plaisante.

La beauté de la salle de bains citadine réside dans les murs de couleur claire et les nombreuses surfaces réfléchissantes qui rehaussent nettement l'effet de lumière naturelle. Elle en paraît alors d'autant plus spacieuse.

Lumière artificielle

Cachée derrière des panneaux de verre dépoli ou encastrée dans le plafond ou le sol, la source de lumière doit être discrète, de préférence invisible. Les installations classiques, appliques murales ou plafonniers, nuiraient à la pureté et à la simplicité du style.

Il est souvent impossible de masquer entièrement une source de lumière, c'est pourquoi le design des installations électriques est parfois aussi capital que l'éclairage lui-même. Les lampes encastrées, dans le sol ou le plafond, ont des pourtours simples en métal ou de teintes neutres, qui s'intègrent parfaitement au style de la pièce.

Des néons cachés sous les rebords des fenêtres, des baignoires et des étagères fournissent un point lumineux supplémentaire tout en mettant ces éléments en relief. Les appliques intégrées dans les miroirs procurent une source lumineuse bien pratique.

en haut à gauche Ce spot
mural constitue une option
intéressante. La tête pivotante
permet de diriger le faisceau
lumineux sur certains objets
ou parties de la pièce pour
les mettre en valeur. L'avantage
de ces lampes est évident :
même si elles ne sont pas
installées à l'endroit le plus
indiqué, il suffit de les orienter
différemment au lieu
de les déplacer entièrement.

en bas à gauche L'éclairage
encastré dans le sol, alternative
discrète et raffinée aux appliques
murales, produit un effet plus
spectaculaire. Le cercle chromé
serti dans des dalles d'ardoise
grise complète le chic citadin
reluisant de cette élégante
salle de bains.

à droite Simplicité et élégance
pour cette fenêtre, où de longs
voilages froncés sont suspendus
à une tringle en fer ornementée.
Observez comme le tissu
vaporeux tamise la lumière
du jour en créant une superbe
lueur douce. Le souci du détail
s'exprime jusque dans le discret
motif en relief du tissu.

surfaces et finitions

Dans l'esprit du caractère épuré de la salle de bains citadine, les sols doivent se détacher tout en restant discrets.

Tons neutres

Qu'il s'agisse d'un carrelage ordinaire vernissé, de marbre ou de mosaïque, choisissez des teintes unies et claires : du blanc ou du gris. Une rangée unique de carreaux contrastés ou à motifs ajoutera une note géométrique abstraite.

Si vous ne créez pas de démarcation au sol, vous pouvez prolonger le carrelage sur les murs, jusque derrière la baignoire, comme si elle reposait au fond d'une piscine en marbre ou en céramique.

Les revêtements industriels en caoutchouc constituent une autre solution élégante. Il existe une grande variété de couleurs et de finitions, qui en font le pendant séduisant et pratique du carrelage – plus chaud sous les pieds.

Dans l'absolu, la salle de bains d'inspiration citadine ne devrait comporter aucune cloison, car celles-ci brisent le volume de la pièce et créent des zones d'ombre qui gâchent la sensation d'espace recherchée. Si vous avez besoin de cloisonner un endroit, pour une douche par exemple, optez de préférence pour les pavés de verre, qui n'obstruent pas la précieuse lumière. Ils confèrent en outre une dimension fascinante à la pièce : le verre épais déforme la lumière en produisant un magnifique effet rafraîchissant : on a ainsi l'impression de regarder à travers une pile de glaçons. Ces qualités font donc des pavés de verre la solution idéale pour tamiser délicatement la lumière, qu'elle soit naturelle ou artificielle, en particulier si on les substitue à une fenêtre traditionnelle.

Un paravent

Pour cloisonner astucieusement la pièce, fabriquez un paravent en tendant simplement un tissu léger, comme de la mousseline, sur un cadre approprié. Veillez à ce que l'étoffe soit bien tirée et sans plis. En lui fabriquant des pieds, vous pourrez le déplacer facilement.

Les murs seront toujours clairs ou neutres. Évitez toutefois la laque blanche, qui écraserait démesurément les coloris des matières premières, aussi magnifiques que raffinés.

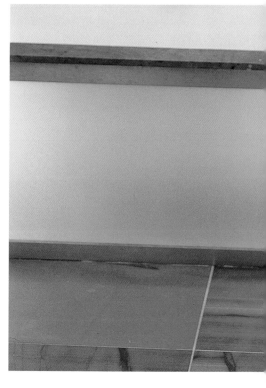

en haut à gauche On a créé
ici de ravissantes rayures
en badigeonnant à la laque
un simple mur de plâtre.
Le badigeon est un effet décoratif
facile à réaliser, qui permet de
se jouer des petites imperfections
d'un mur : elles s'assimileront au
décor pour produire l'effet désiré.

en bas à gauche
On a employé ici des carreaux
bruns et un éclairage tamisé pour
créer un coffrage de baignoire
éclairé par l'arrière. Cela procure
la fabuleuse illusion d'être sous
l'eau. C'est l'environnement rêvé
lorsqu'on a envie de se relaxer
dans un bon bain après une
journée fatigante.

ci-contre Ici, la marche
est accentuée par les carreaux
dont la bordure est reprise
en haut et en bas. Ce simple effet
géométrique est original
et ne crée pas de rupture
excessive. Si votre salle de bains
est un peu sévère, pourquoi
ne pas lui conférer un petit plus
avec ce type de dénivellation ?

accessoires

Ces salles de bains ont un style tellement unique et personnel que l'on s'attendrait à devoir courir les boutiques pour dénicher les accessoires appropriés. Pourtant, le thème citadin consiste en une approche novatrice et moderniste qui s'exprime à travers des équipements nouveaux et originaux, ainsi que par la beauté des matériaux employés.

Prenez votre temps

Soyez créatif et prenez votre temps pour choisir ce que vous désirez et déterminer où vous aurez une chance de le trouver. On trouve dans les grands magasins tissus, tringles à rideaux, serviettes et équipements divers de tous les styles. En revanche, il vous faudra des fournisseurs spécialisés pour les robinets, baignoires, carrelages, installations électriques, marbre, métaux, verre ou mosaïques.

À l'exception, peut-être, d'une gravure ou d'une toile, vous trouverez très peu de choses dans les entreprises de récupération et chez les brocanteurs. Sachant que ce style s'inspire de ce qu'on fait de plus récent en architecture et en décoration intérieure, évitez les accessoires rétro.

Des armoires de toilette de couleur unie, blanches ou recouvertes de miroirs, peuvent abriter tout l'attirail que l'on accumule inévitablement. Les articles indispensables, comme le gel de douche ou le shampooing, peuvent être transvasés dans des bouteilles ou des flacons assortis, en verre ou en plastique, munis de bouchons colorés ou chromés. On pourra ranger brosses à dents et dentifrice dans un gobelet chromé stylisé comme on en voit beaucoup aujourd'hui. Des ponts de baignoires et des serviteurs de douche existent en fil chromé moderne pour accueillir éponges et savons.

Dernières touches

Vous trouverez quantité d'accessoires dans les nouvelles boutiques de décoration spécialisées qui ouvrent les unes après les autres. Vous y verrez les dernières créations en matière de lampes ou de faïence importée, ou même des savons et des éponges insolites. Ces objets paraissent parfois un peu coûteux mais s'ils sont dans le ton, cela vaut la peine de faire une folie pour cette touche finale toute particulière.

lumière et éclairage

Lorsque les salles de bains exiguës ont la chance de posséder une fenêtre, elle est souvent petite. Votre objectif principal consistant à créer un caractère intime et personnalisé, l'absence de fenêtre ne doit pas vous préoccuper.

Si vous vous sentez claustrophobe dans une pièce sans fenêtre, vous pouvez en créer une qui soit factice : peignez-la en trompe l'œil sur le mur, ainsi qu'un paysage, ou fixez au mur un encadrement de fenêtre et remplacez les vitres par des miroirs. Ils réfléchiront un pan de votre salle de bains, ce qui donnera l'illusion d'une vue sur une autre pièce.

Si vous disposez d'une vraie fenêtre, même petite, des couleurs claires et des miroirs permettront de tirer le meilleur parti de la lumière du jour. Vous pouvez aussi envisager la fenêtre comme une ouverture sur le monde extérieur, et non comme une simple source de lumière.

Éclairage artificiel

L'éclairage électrique doit se fondre dans le décor. Autant que possible, préférez des installations discrètes, en évitant de longues suspensions qui prendraient trop de place et créeraient une rupture inopportune. Des appliques murales, telles que des hémisphères retournés, sont idéales. Non seulement elles éclairent la zone immédiate, mais elles baignent le reste de la pièce d'une douce lumière d'ambiance en réfléchissant le plafond.

C'est pourquoi il vaut mieux peindre le plafond en blanc, ou d'une couleur très claire. Les appliques elles-mêmes peuvent être peintes du même ton que le mur, afin de s'y fondre. Ce type de lampe est préférable à un éclairage direct, trop cru. Incorporez plusieurs de ces appliques en employant des ampoules à faible intensité, plutôt qu'une ou deux qui soient trop vives.

Ajoutez à cela un éclairage plus spécifique. Des petits néons dissimulés dans les recoins, au-dessus des miroirs et des vitrines, procureront une lumière descendante tamisée dans toute la pièce. Avec des spots, vous éclairerez des endroits précis et certains objets.

Essayez toujours de trouver une place pour des bougies. Leur lumière magique baignera votre petite salle de bains d'un éclat féerique.

ci-dessus Les spots encastrés, très discrets, ne heurteront pas l'esprit général de la pièce. Vous pouvez les installer directement au-dessus du lavabo et de la baignoire, qu'ils éclaireront, ou les fixer au plafond à intervalles réguliers, afin de créer une agréable lumière ambiante.

à gauche Cette petite salle
de bains bénéficie d'une fenêtre
exceptionnellement grande,
que l'on a avantagée en laissant
dégagée toute la partie
qui l'entoure. Le store protège
du soleil et ajoute une note
de couleur à la gamme
monochromatique de la pièce.

ci-dessus Un ingénieux jeu
de miroirs rend cet espace
spacieux et aéré, et crée
l'illusion d'une perspective
supplémentaire. Quand
les différents murs sont réfléchis,
on a l'impression de regarder
à travers des fenêtres
dans d'autres pièces.

surfaces et finitions

ci-dessus Les rainures étroites de cette frisette constituent un détail architectural élégant et discret. La baguette située au-dessus sert de minuscule tablette pour des petits objets discrets.

La solution la plus courante pour pallier le problème de place dans une petite salle de bains consiste à essayer de réduire l'échelle des accessoires, afin qu'ils semblent proportionnés à la dimension de la pièce. Il peut être judicieux d'installer un lavabo plus petit ou une baignoire moins longue qui s'intégrera parfaitement entre deux murs. Pourquoi même ne pas envisager des toilettes et un réservoir de chasse d'eau plus compacts.

L'essentiel est que votre salle de bains soit à la fois intime et attachante, sans accumulations ni fouillis, quelles que soient les astuces utilisées pour la rendre plus spacieuse.

La surface au sol

Curieusement, c'est dans une petite salle de bains qu'une moquette convient souvent le mieux. Le fait de voir la couleur de la moquette épouser les moindres coins et recoins de la pièce agrandit le champ de vision, ce qui crée l'illusion d'une plus grande superficie. En revanche, associer plancher ou moquette à des kilims ou à des tapis en coton fractionne cette étendue par ses formes et ses matières diffé-

rentes, et rétrécit la pièce. Une autre façon d'agrandir visuellement la surface au sol consiste à lui donner du mouvement en employant des carreaux de couleur claire incrustés de petits losanges plus sombres. Ce léger motif dynamise le sol. Il existe du linoléum de ce type, qui revient moins cher que le carrelage et produit le même effet.

La mosaïque

Les carreaux de mosaïque, d'une grande efficacité, sont la version miniature d'un carrelage traditionnel ; c'est leur multitude, même pour couvrir des sections relativement petites, qui donne de la dimension à la pièce.

Indémodable, la mosaïque nous enchantera toujours, comme le prouve son usage ininterrompu depuis l'époque romaine jusqu'en 1900, puis jusqu'aux modernistes des années 1950 et aux architectes d'aujourd'hui. Pour les espaces exigus et les cabines de douches, au sol ou au mur, la mosaïque est un matériau séduisant et fonctionnel qui évoque aussi bien un petit air d'antan que le chic des plus contemporains.

ci-dessous Un ou deux objets originaux et intéressants accrochés au mur, qui se détachent du reste, peuvent produire plus d'effet dans une petite pièce que plusieurs accessoires moins frappants. Ici, un tableau particulièrement bien choisi sert de point de mire.

en bas à gauche Ces sobres carrés de linoléum de couleur claire, agréables à l'œil et pratiques, agrandissent la pièce. C'est un revêtement facile à poser et à entretenir. La plinthe à peine plus foncée tranche légèrement et « encadre » le sol.

ci-dessus Ce haut radiateur mural ne prend pratiquement pas de place, et son astucieux porte-serviettes latéral vous permet de disposer de serviettes bien sèches et délicieusement chaudes au sortir du bain.

accessoires

Ne vous précipitez pas et étudiez soigneusement les plans et la conception de votre petite salle de bains avant de vous lancer à la recherche des accessoires. Leur emplacement et leur disposition sont primordiaux, car la réussite réside dans la proportion des objets les uns par rapport aux autres et à la pièce.

Votre petit espace se doit de produire le même effet que s'il était deux fois plus grand : aucun élément ne doit dominer la composition finale, ni rester en retrait.

Petits lavabos

Si vous voulez une vasque de style encastrée dans une console en marbre, avec des placards en bois situés en dessous, adressez-vous aux entreprises de récupération. Celles qui proviennent de vieux hôtels ou de pensionnats rénovés ont déjà été prévues pour se loger dans des espaces exigus. Ces accessoires authentiques et originaux ont beaucoup plus de caractère et de cachet que des équipements modernes, mais c'est précisément

pourquoi ils sont, hélas, de plus en plus difficiles à trouver.

Vous pouvez aussi équiper votre lavabo de robinets Belle Époque. Assurez-vous toutefois qu'ils ne sont pas trop volumineux, leurs proportions gâteraient l'harmonie de la pièce.

On trouve des matériaux comme les carrés de mosaïque dans la plupart des magasins de carrelage de bonne qualité. La mosaïque est relativement onéreuse, mais, pour une petite salle de bains, le

à gauche Rien ne saurait être plus simple qu'une brosse à dents transparente dans un verre à dents blanc. Mais simplicité ne rime pas avec ennui, et il est même étonnant de voir à quel point les accessoires les plus sobres peuvent se détacher.

à droite Même le choix du savon compte dans une salle de bains bien pensée. Ici, la simplicité d'un savon aux couleurs naturelles dans un porte-savon chromé se marie particulièrement bien avec le thème de couleurs neutres.

à droite Des reproductions de robinets anciens existent en divers matériaux recréant l'atmosphère d'époque. En laiton, bronze ou cuivre, une finition vieillie leur donnera un air quasi authentique. Les robinets photographiés ici sont volontairement courts, et fixés au mur pour gagner de la place.

coût ne devrait pas être prohibitif. Il augmentera, bien sûr, si votre choix se porte sur un motif au sol personnalisé ou une frise murale spéciale, mais n'oubliez pas que ce type de revêtement durera toute une vie.

Les lampes n'ont pas besoin d'être faites sur mesure, on en trouve partout. C'est surtout la façon dont elles seront incorporées à la pièce qui rendra l'éclairage unique.

Ordre et beauté

Ne dénaturez pas votre salle de bains, sous prétexte qu'elle est petite, en y accrochant un tableau que vous n'aimez pas. Il vaut infiniment mieux laisser un mur nu plutôt que de l'orner d'un objet insignifiant. Choisissez soigneusement ce que vous mettrez au mur, afin que vous vous sentiez bien quand vous le regarderez.

Dans une optique de dépouillement, mieux vaut encastrer ou dissimuler le plus possible appareils et installations, en ne réservant à « l'exhibition » qu'un coin spécifique de la pièce. Créez une alcôve ou une niche avec des étagères en verre, où vous pourrez présenter les souvenirs que vous avez acquis au fil des ans. Ou bien commencez une nouvelle collection dont le charme ensoleillera joliment votre petite pièce.

Dans les années 1780, les shakers fondèrent une communauté autarcique fondée sur la ferveur religieuse. Ils s'isolèrent du monde extérieur pour mener une vie simple et organisée, partageant possessions et travaux quotidiens. Soucieux de souder leur communauté, ils cultivaient et fabriquaient pratiquement tout eux-mêmes. Ils croyaient au bon sens et à la simplicité, et leurs maisons étaient dépourvues de fioritures et de détails compliqués. De ce génie naquit un respect profond et inégalé pour l'artisanat, ce qui donne à leurs objets une grâce et une beauté infinies.

Adapter le style

Inspirez-vous de l'atmosphère shaker en étudiant des images d'authentiques salles de bains, auxquelles vous emprunterez les éléments qui vous inspirent le plus. Ne vous laissez pas rebuter par l'austérité de ce style, il suffit de l'adapter en une version plus chaleureuse.

L'ambiance shaker se caractérise par des murs en plâtre peint, avec des éléments en bois – plinthes, patères et encadrements de fenêtres – teintés ou peints. En dehors de cela, il n'existe absolument aucun autre détail architectural : moulages ou corniches, jugés superflus, étaient proscrits. Rien ne vous oblige cependant à respecter toutes ces règles.

Un rangement fonctionnel

Dans une salle de bains shaker, armoires encastrées et tiroirs constituent les principaux éléments de rangement. Purement fonctionnels, contrairement aux armoires ou aux commodes sur pied, ils ne présentent pas de surface où pourrait s'amasser la poussière.

Ces rangements intégrés étaient magnifiquement travaillés et possédaient une distinction et une beauté propres. Ils étaient généralement conçus pour occuper un mur entier du sol au plafond.

Aller à l'essentiel

Dans un intérieur de style shaker, les meubles sont pratiques et non décoratifs. On n'y voit que des éléments indispensables, lits, chaises, table ou bureau. Les chaises sont simples et élégantes, de fabrication superbe, et si légères qu'elles peuvent être accrochées à une patère en bois lorsqu'elles ne servent pas.

Les menus objets sont toujours propres et bien rangés dans de ravissantes boîtes rondes ou ovales de toutes tailles et de toutes teintes. Bien que destinées à être rangées dans un placard, ces boîtes sont des objets décoratifs à elles seules.

style shaker

Le style shaker s'inspire des intérieurs et du mode de vie de la communauté américaine du même nom fondée au XVIIIe siècle. Exclusivement utilitaires et efficaces, les maisons se caractérisaient par leur austère simplicité et leur magnifique artisanat.

à droite Cette pièce à l'aspect léger et aérien présente différents ingrédients caractéristiques de l'atmosphère shaker : une patère en bois naturel fixée sur des murs virginaux, un motif à carreaux au sol rappelant les textiles shakers tissés à la main, et un placard à tiroirs (non visible ici). Malgré quelques libertés, cette salle de bains reflète parfaitement le style simple associé à cette communauté.

le souci du détail

Consacrer une rubrique aux détails d'une salle de bains de style shaker peut paraître contradictoire puisque c'est précisément leur absence qui la caractérise, mais il faut tout de même songer aux équipements de base adaptés à la vie d'aujourd'hui.

Efforcez-vous toujours de créer une pièce soignée et spacieuse, aussi dépouillée que possible. La solution shaker consistait à cacher tous les articles dans de jolis placards, tiroirs et boîtes. Exploitez cette idée pour créer vous-même votre système de rangement, à l'aide de boîtes ou de caisses. Les shakers utilisaient également des paniers en osier de toutes sortes.

Matériaux naturels

Les shakers n'employaient pour leur mobilier que des matériaux naturels. Ils construisaient leurs maisons en bois, en étudiant tout particulièrement sa couleur naturelle et son grain. Adoptez la même démarche, soit en laissant brutes les surfaces en bois, soit en les teintant ou en les vernissant discrètement, pour qu'elles conservent leur aspect naturel.

Introduisez un élément en bois clair, comme un cadre de miroir, une petite table ou une chaise. La chaise shaker classique à barreaux horizontaux, bien que d'aspect délicat, est très solide. Cherchez une copie de ce style ou optez pour un modèle scandinave simple.

L'indispensable

Pour la baignoire, le lavabo et les toilettes, choisissez un style ancien classique. Cela vous donnera une ambiance d'époque appropriée qui, bien qu'inauthentique, évoquera en partie la notion d'utilitarisme spartiate.

Même si rien n'était jamais conçu dans un objectif ornemental chez les shakers, vous aurez peut-être envie d'ajouter quelques petits éléments de décoration dans votre salle de bains.

Cherchez des objets plutôt rudimentaires ou sobres, ou ayant l'air d'avoir été faits à la main. Des boîtes en fer-blanc décorées, des fleurs séchées, des brosses à cheveux en bois ou des savons couleur miel sont quelques exemples d'articles qui trouveront leur place dans une pièce d'inspiration shaker.

en haut à gauche Ce carrelage vernissé laiteux s'harmonise parfaitement avec son environnement en créant un coin lavabo serein. La couleur des deux carreaux à motifs de feuillage est assortie au bois naturel de la tablette.

en haut à droite C'est l'usage de la couleur qui fait toute la simplicité de cette partie de la pièce. En peignant les surfaces prédominantes en blanc ou en beige, la couleur de détails, comme le panier et le sol, ressort avec intensité. Les objets en fer-blanc, sur le rebord en bois peint, se marient bien avec les robinets chromés.

en bas à gauche Les photos encadrées et les coquillages apportent à ce recoin une touche chaleureuse et personnelle. On n'aurait jamais vu dans une authentique salle de bains shaker des babioles frivoles comme celles-ci, mais l'étagère en bois et les murs blancs suffisent pour rester dans le ton.

en bas à droite Cette photographie montre divers éléments d'inspiration shaker opérant ensemble. Les murs blancs et unis, les lignes simples et l'usage du bois naturel pour donner une note de couleur à la pièce reflètent bien l'esprit de cette communauté. La coiffeuse tient sans doute plus du design scandinave que de celui des shakers, mais, à défaut, elle constitue un substitut approprié.

lumière et éclairage

Les maisons des shakers possédaient souvent de grandes fenêtres, avec une exposition est-ouest qui illuminait les pièces et permettait de travailler à la lumière du jour le plus longtemps possible. Outre les économies de bougies réalisées, cela minimisait les risques d'incendie dans ces maisons en bois.

Une telle luminosité rendait l'intérieur des maisons très clair et aéré. Pour recréer cet effet, mieux vaut ne pas cacher votre fenêtre de salle de bains derrière des rideaux ou des cantonnières.

Si vous avez besoin de masquer la fenêtre pour une question de commodité, essayez les vitres légèrement opaques sans rideaux, ou installez un simple store uni, ou une cotonnade tissée à la main, à damiers ou à chevrons.

Fenêtres en couleur

Les chambranles de fenêtres étaient généralement peints, à l'intérieur comme à l'extérieur, d'une couleur forte, bleu marine, vert ou rouille par exemple. Pour une fois, l'objectif n'était qu'esthétique, sans doute un détail architectural s'inspirant des maisons de l'Amérique coloniale.

L'art de la sobriété

Presque toutes les maisons des shakers étaient éclairées à la bougie ou à la lampe à huile. Efforcez-vous d'adopter leur pensée : simplicité, sobriété et fonctionnalité. Pour une approche plus moderne, essayez les globes en verre dépoli avec des supports très simples, ou des appliques fixées au mur en forme d'hémisphères retournés. Ces dernières peuvent être peintes de la même couleur que le mur, ce qui renforcera le caractère dépouillé de la pièce.

Si vous préférez quelque chose de plus traditionnel, tout en restant simple et pratique, vous pouvez choisir des supports muraux en forme de S en fer noir, qui sont des reproductions des lampes à bougies de l'Amérique coloniale ou de l'Angleterre du début de l'ère géorgienne. Ces lampes donnent l'impression d'être en fer forgé et ajoutent une atmosphère d'époque authentique.

Les bougies, qu'elles servent ou non, sont idéales. Elles évoquent la simplicité d'un mode de vie antérieur à l'électricité et font la part belle à toute une variété de bougeoirs et de photophores.

en haut à gauche Cette lampe
crée un contraste intéressant
avec le miroir plus traditionnel
accroché à la patère. Même
si l'applique est assez moderne,
elle ne choque pas car elle
est sobre. Le support chromé
et le globe en verre se fondent
bien avec le mur, de sorte
que la lumière distrait moins l'œil.

en bas à gauche Ces deux
exemples d'objets en fer-blanc
assurent une décoration
minimaliste. La boîte carrée,
à gauche, contient une bougie
qui, allumée, souligne
de l'intérieur les motifs perforés.
Ce charmant photophore crée
une ambiance chaleureuse
et confortable. Au-dessus,
la poignée de l'interrupteur
en bois naturel est tout à fait
dans le style shaker.

à droite Idéale pour une salle
de bains shaker, cette grande
fenêtre dénuée de rideaux
ou de voilages laisse pénétrer
des flots de lumière.
Pour optimiser la luminosité,
le cadre et tout le pourtour
ont été peints en blanc.
Les panneaux inférieurs
légèrement opaques confèrent
une certaine intimité.

surfaces et finitions

Les murs d'un intérieur shaker étaient minimalistes, sans tableau ni étagère chargée d'objets ornementaux. Les chapeaux et les manteaux accrochés à une patère en bois constituaient les seuls éléments de « décoration ». Sans adopter une telle austérité, il est intéressant de retenir l'essence de cette démarche.

Peints en blanc ou en crème, les murs définiront d'emblée la sobriété du décor. Les parties en bois comme le cadre de la fenêtre, les plinthes et les portes, peuvent être peintes d'un bleu soutenu, ce qui donnera à votre salle de bains son inspiration shaker caractéristique.

Couleurs franches

Chose étonnante, malgré leur mode de vie spartiate, les shakers affectionnaient toute une gamme de couleurs éclatantes. Roux, bruns, bleus vifs, verts, jaunes moutarde et oranges figuraient souvent sur leur palette.

Si vous avez envie de choisir un coloris audacieux, réfléchissez bien et ne le choisissez pas au hasard. Bien que tranchantes, les couleurs employées dans les maisons des shakers n'étaient jamais criardes et conféraient finalement une tonalité douce et harmonieuse à l'ensemble.

Après avoir choisi votre couleur, envisagez pour les murs des détails de type shaker. Les portemanteaux ou patères en bois, qui généralement couraient autour de la pièce, doivent être laissés à l'état naturel brut. Les shakers ne les peignaient pas pour des raisons pratiques, car ils savaient que la peinture s'écaillerait peu à peu à l'usage.

Un rangement intégré

Autre détail mural possible : l'armoire ou les tiroirs encastrés. Bien qu'il s'agisse de « meubles », le fait qu'ils soient fixes et ne forment qu'un avec le mur les qualifie en

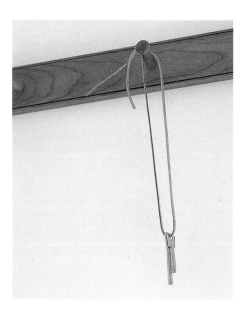

à gauche Une patère de style shaker faisant tout le tour de la pièce est idéale pour habiller les murs. Vous y accrocherez ce que vous voudrez… pourquoi pas des clefs, un miroir ou même un tableau ?

à droite Les jolies teintes et le motif simple de ce linoléum évoquent tout à fait les étoffes shakers tissées à la main. On n'aurait pu trouver choix plus judicieux : pratique, esthétique, et en parfaite harmonie avec l'atmosphère générale de la salle de bains.

à gauche Ce placard à tiroirs encastré qui va du sol au plafond est caractéristique de la logique de rangement adoptée par les shakers. Au départ fonctionnel, il est devenu un détail architectural de la pièce. La combinaison de la peinture blanche et du bois naturel témoigne également de l'inspiration shaker.

ci-dessous Le principe fondamental présidant à la conception d'une salle de bains shaker est la simplicité. Ici, une frisette casse la hauteur du mur de la façon la plus élémentaire possible.

quelque sorte d'unique détail architectural de la pièce. Ils constituent un espace de rangement fort appréciable.

Considérations pratiques

Il faut protéger les murs entourant la baignoire et le lavabo : si vous les carrelez, choisissez des carreaux vernissés blancs ou clairs, dans une gamme de coloris naturels.

On peut aussi choisir de poser une frisette. Bien que ni le carrelage ni les lambris ne soient authentiques, ces derniers rappelleront au moins les bardeaux qui recouvraient l'extérieur des maisons de cette communauté.

Les sols doivent rester aussi simples que possible. Un plancher légèrement teinté, puis ciré ou vernis, est idéal. Le bois le plus courant pour les planchers des maisons des shakers était le pin, qui prêtait ses tons chauds naturels au décor de la pièce ; vous pouvez ajouter un tapis d'une couleur proche de la terre qui complétera parfaitement le bois brut, par exemple jaune moutarde, brun-roux, orange ou safran.

Si vous choisissez un motif, qu'il soit simple, comme un damier, du vichy ou des chevrons, qui étaient le genre de dessins que les shakers tissaient eux-mêmes sur leurs métiers.

accessoires

ci-dessus Aucun fouillis sur cette coiffeuse ; les objets de toilette sont soigneusement rangés sur un plateau en bois rond qui rappelle les boîtes originales des shakers.

ci-dessous Les shakers fabriquaient des paniers pour y ranger les articles dits « futiles ». Cette corbeille en vannerie bien pratique ajoute à cette salle de bains une touche de naturel.

Les communautés de shakers ont à présent presque entièrement disparu, et seul un petit groupe de gens continue à mener cette existence traditionnelle. La production d'objets authentiques est donc limitée, ce qui les rend rares et onéreux. Toutefois, certaines entreprises produisent de bonnes copies de meubles et objets d'artisanat shaker, et l'on peut recréer ainsi une atmosphère authentique.

Vous pouvez aussi reproduire l'esprit shaker avec des imitations. Rappelez-vous seulement que les articles doivent être élégants, bruts et simples, sans aucune fioriture.

Les éléments de base

Les éléments de base de votre salle de bains, comme les lambris et les meubles, sont ordinaires et se trouvent facilement. Un menuisier pourra vous fabriquer sur mesure des placards encastrés de style shaker, d'après une photographie que vous lui montrerez.

Sinon, optez pour un modèle sobre dont les mesures correspondent le mieux possible aux dimensions désirées. Fixez l'élément au mur, puis complétez-le avec un moulage ou une plinthe pour lui donner l'aspect d'un placard encastré. À défaut de meuble suffisamment haut, vous pouvez toujours superposer deux éléments identiques. Si les poignées des tiroirs ne conviennent pas, remplacez-les par d'autres, plus petites, dans l'esprit shaker.

Les meubles

Beaucoup de grands magasins proposent des gammes de meubles sur pied d'inspiration shaker. Vous pouvez aussi acheter du mobilier scandinave, ancien ou neuf. Assez proche de la philosophie shaker, le génie scandinave selon lequel « la forme suit la fonction » a donné naissance à un magnifique mobilier en bois clair naturel, à la fois dépouillé, simple et élégant.

Pour les éléments décoratifs comme les boîtes en fer-blanc ou la vannerie, allez dans des boutiques qui importent des objets évoquant simplicité et travail manuel. Vous trouverez peut-être des articles fabriqués au Mexique, en Inde ou en Thaïlande qui s'intégreront à merveille dans ce style.

à gauche Une poupée de chiffon suspendue à la poignée d'un placard apporte une note chaleureuse à la pièce. Elle évoque une image romantique de la vie de famille, élément du style shaker souvent négligé. Le vichy, les brindilles séchées et l'écriture brodée font référence à un travail manuel de qualité, typique de cette communauté.

ci-dessus Les shakers éliminaient défauts et points faibles des objets qu'ils fabriquaient pour qu'ils ne se cassent ni ne se fendent jamais. La poignée métallique de ce grand panier, incorporée au rotin tressé, témoigne de sa robustesse.

Pendant la seconde moitié du XIXᵉ siècle, les pionniers des périples autour du monde, fascinés par le dépaysement, essayaient de recréer chez eux un peu de cet exotisme. Cette attitude, considérée comme excentrique, suscitait une vive curiosité et remplissait les salons où l'on recevait les grands voyageurs.

Aujourd'hui, voyages organisés, magazines et télévision rendent la planète accessible à tous. Emprunter certains traits exotiques pour décorer son intérieur n'est plus saugrenu. Et pourquoi ne pas commencer par la salle de bains ? Avec un peu d'imagination, vous prendrez bientôt votre bain dans l'atmosphère exotique d'un pays lointain.

Vous pouvez vous inspirer de ce que vous avez vu pendant des vacances à l'étranger, dans un livre, un magazine, ou tout simplement dans une vitrine. Pour déterminer votre « identité culturelle », réfléchissez bien à la couleur dominante, au motif des textiles, à l'éclairage et aux meubles.

Trouver la couleur

La couleur est un facteur crucial pour déterminer l'atmosphère, car une seule couleur soutenue prédominante peut suffire à symboliser l'essence même d'une culture. Les tons froids, comme le bleu cobalt, le turquoise ou le vert d'eau, suggèrent la Méditerranée ou les Caraïbes, tandis que les coloris chauds, feuille-morte, ocre brun et rouges, évoquent l'Orient, l'Afrique et le Moyen-Orient. Quelle que soit votre couleur, choisissez-la éclatante. Les teintes pâles et insipides ne recréeront pas l'ambiance puissante et stimulante que vous voulez afficher.

La salle de bains de style cosmopolite doit rester sans prétention : oubliez l'ordre et la rigueur, accessoires et appareils sanitaires doivent sembler avoir été posés presque par hasard.

Préférez à de la moquette des kilims ou des tapis en coton. Accentuez cette atmosphère décontractée en accrochant aux murs quelques objets ou tableaux intéressants. Les plantes vertes exotiques et les fleurs sont également parfaites. Pour « l'ambiance olfactive » générale, disposez des savons parfumés dans des coupelles. L'encens jette bien sûr une note résolument exotique.

Le choix des meubles est également important. Un seul élément peut donner le ton de toute la pièce. Chinez chez les brocanteurs, fréquentez les ventes aux enchères et les magasins spécialisés dans l'artisanat d'importation.

style cosmopolite

Si vous désirez créer une somptueuse salle de bains d'inspiration étrangère, laissez libre cours à votre imagination ! Aucune règle ne vous empêche de marier des éléments fascinants et hauts en couleur provenant de différents pays.

à droite L'ambiance chaleureuse et le caractère affirmé de cette salle de bains sont liés au judicieux mariage d'éléments divers, comme les murs et le coffrage rouges de la baignoire, le laiton des robinets et des bougeoirs. Les rideaux froncés qui encadrent les fenêtres à la façon d'une tente et le mobilier très original donnent à cette pièce une connotation marocaine ou indienne caractéristique.

le souci du détail

Ici, le détail est roi. Les accessoires marquants et évocateurs que vous choisirez donneront à votre salle de bains son caractère international. Étudiez le style et la couleur, qu'il s'agisse de carrelage, d'éléments de rangement, d'interrupteurs, d'étagères ou de miroirs. Les détails doivent se compléter. Pour une ambiance marocaine, des miroirs aux cadres dorés ou argentés seront parfaits. Pour rester dans cette humeur méditerranéenne, choisissez du bois sculpté par la nature ou délavé par le soleil. Pour un style oriental, les accessoires en bambou ou laqués s'imposent.

Quantité de boutiques se spécialisent dans l'importation de produits exotiques et vous trouverez verreries, céramiques, meubles et sculptures issus des quatre coins du monde. Ne visez pas l'authenticité absolue. Les cultures se rencontrent et se brassent. C'est l'essence d'une civilisation ou d'un pays que vous essayez de capter, et non sa restitution parfaite. Des objets égyptiens, marocains, espagnols et même péruviens peuvent tout à fait cohabiter. Des erreurs heureuses produisent parfois les meilleurs résultats.

La salle de bains photographiée page précédente illustre une inspiration marocaine ou turque, soulignée par le kilim, la très belle chaise basse et le tissu exotique des rideaux. La pièce dénote également une nette influence classique avec les clichés noir et blanc encadrés et les supports d'étagères. Si vous cherchez un riche brocart évoquant la Vénétie ou le Moyen-Orient, allez dans les boutiques indiennes de saris, qui proposent un vaste assortiment de tissus somptueux à des prix abordables.

Choisir les bons matériaux

Rappelez-vous que le choix des matières est aussi important que les couleurs et les formes. Des accessoires en matériaux essentiellement naturels, comme des tapis de bain en coton, des objets en bois sculpté, des pierres polies, des céramiques et des carpettes décorées de motifs traditionnels distinctifs, suggèrent un thème ethnique. Des coupes et de la vaisselle en métaux anciens comme le laiton ou le cuivre peuvent servir de porte-savons ou de verres à dents, tout en contribuant à la perspective d'ensemble.

en haut à gauche La plage carrelée tout autour de cette baignoire accueille à merveille les détails décoratifs, comme ce vase de fleurs. Le coffrage en bois, détail architectural simple, parachève le dessin géométrique traditionnel du tapis.

en haut à droite Ces supports d'étagère grandioses sont en réalité des corbeaux tels qu'on en voit pour soutenir artificiellement le haut plafond d'une imposante résidence. Non seulement ils font de l'étagère un élément architectural intéressant, mais ils donnent également à la pièce une atmosphère classique rappelant un temple grec ou romain. On peut trouver ce genre d'accessoires dans les établissements de récupération ou dans des boutiques spécialisées en peinture et en décoration.

en bas à gauche Un seul objet peut suffire à restituer l'essence d'une culture. Source d'inspiration ou touche finale, c'est lui qui donnera le ton. Ici, le bois sombre et les découpures complexes de cette chaise évoquent d'emblée le Maroc ou l'Extrême-Orient.

en bas à droite Ces deux vasques encastrées dans un meuble aux portes garnies d'un tissu ruché sont très européennes. Des détails comme les bougeoirs en laiton transforment presque ce coin de la salle de bains en un autel dédié à l'hygiène !

lumière et éclairage

Dans une salle de bains, la lumière est capitale. Un mauvais éclairage, et toute l'ambiance est gâchée. Les deux éléments à envisager sont la lumière naturelle et l'éclairage artificiel.

Les fenêtres fournissent l'éclairage naturel, à vous de décider comment les habiller. Pour une ambiance méditerranéenne claire et aérienne, tirez le meilleur profit de la lumière du jour. Évitez les rideaux rassemblés de chaque côté de la fenêtre. Si vous tenez à des rideaux, choisissez un tissu vaporeux comme la mousseline. La lumière qui entre peut être intensifiée par une peinture de couleur vive et la pose d'une grande glace sur le mur le moins éclairé. La lumière réfléchie par le miroir et les murs de couleur se reflétera dans toute la pièce.

Maîtriser la lumière

Pour tamiser la lumière du jour, utilisez des rideaux, des stores ou des volets. Commencez par choisir la couleur dominante, puis trouvez un tissu coordonné. On a évoqué les voilages légers comme la mousseline. Des brocarts ou des soies riches et somptueuses nous transportent au Moyen-Orient, dans une atmosphère d'éclairage tamisé. On suscitera une tout autre ambiance en drapant le tissu et en le fronçant. Des volets en bois réduisent aussi la quantité de lumière. Pour un air de Provence, essayez les persiennes à lattes ; pour une note turque ou indienne, cherchez un paravent richement sculpté, qui se transformera en volets.

On privilégiera une lumière artificielle d'ambiance. Un éclairage pratique est essentiel dans une salle de bains, mais une source lumineuse secondaire, juste pour compléter le décor, renforcera l'atmosphère. Les bougies sont une option sûre, et les bougeoirs constituent d'intéressants détails. Des spots localisés munis d'ampoules pastel peuvent également assurer un éclairage d'ambiance.

Si vous disposez d'une source de lumière principale efficace, choisissez par exemple un abat-jour qui accentuera la tonalité que vous avez désirée : en osier, il s'intégrera parfaitement dans une ambiance tropicale, tandis qu'une lanterne en laiton avec des petits vitraux colorés fera naître des images venues d'Inde, de Tunisie ou d'Égypte.

en haut à gauche Ce grand miroir fait office de fenêtre supplémentaire en reflétant la lumière sur le mur opposé. Son large encadrement en mosaïque est simple et parfait. On trouve ce genre de cadres dans les boutiques spécialisées dans l'art africain.

en bas à gauche Les spots permettent d'éclairer des zones spécifiques de la pièce. Celui-ci fournit une lumière d'ambiance ponctuelle au-dessus d'un miroir ; outre son aspect pratique, il met en valeur l'esthétique originale de ce miroir.

à droite Une seule fenêtre suffit pour inonder de lumière cette salle de bains. Pour tirer le meilleur parti de la lumière du jour, on n'a accroché aucun rideau. Cela permet aussi à l'encadrement lui-même, peint d'une couleur vive contrastant avec celle des murs, de bien se détacher.

surfaces et finitions

Ne soyez pas timoré. Osez les couleurs franches et éclatantes. Sombre ou clair, un coloris prononcé créera une autre dimension… déjà une invitation au voyage.

Finitions décoratives

En dehors des couleurs unies mates, vous pouvez essayer une finition décorative sur les murs. On trouve, dans les magasins de décoration et chez les fournisseurs de matériaux de construction, des kits prêts à l'emploi pour des effets de peinture au chiffon, de granité, de pochoirs et de badigeon. Ils donneront un aspect vieilli et patiné évoquant une architecture à mi-chemin de la Méditerranée et du Mexique, selon la gamme de couleurs employée. Associez une de ces techniques à une frise décorative ou à une peinture murale et vous voilà en train de prendre un bain dans une villa romaine.

Dans presque toutes les maisons, il existe une bordure de carrelage ou un listel pour séparer le mur du sol. Les carreaux vernissés peuvent contribuer à votre thème cosmopolite s'ils sont choisis judicieusement.

On trouve chez les revendeurs spécialisés de magnifiques carreaux peints à la main, importés du Portugal, d'Espagne et d'Italie. Ces carreaux rendront votre salle de bains infiniment plus chaleureuse, lui conféreront un air de jardin méditerranéen de contes de fées et leurs dessins harmoniseront admirablement tous les autres éléments de la pièce.

à gauche Un caillebotis en bois naturel peut créer l'ambiance d'une authentique cabine de plage méditerranéenne ou californienne, que renforce encore le contraste avec le bleu vif du plancher.

à droite Des coloris intenses peuvent produire un effet formidable dans une salle de bains cosmopolite. Ici, on a admirablement joué avec la couleur, en la faisant trancher sur un bouquet de fleurs jaunes et rouges éclatantes disposées dans un pot ancien dont la nuance de bleu reprend celle du mur.

ci-dessus Ces carreaux vernissés sont magnifiquement mis en valeur par le mur jaune. Le lavabo fait souvent saillie dans une salle de bains, ce qui n'est pas toujours esthétique; ici, en revanche, cet environnement l'intègre parfaitement au reste de la décoration.

à droite Choisissez des carreaux créant un impact. Ici, le motif d'un bleu soutenu sur fond blanc forme un contraste frappant avec le mur jaune d'or. Pour un effet encore plus saisissant, on peut peindre le mastic entre les carreaux.

accessoires

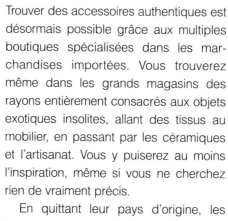

Trouver des accessoires authentiques est désormais possible grâce aux multiples boutiques spécialisées dans les marchandises importées. Vous trouverez même dans les grands magasins des rayons entièrement consacrés aux objets exotiques insolites, allant des tissus au mobilier, en passant par les céramiques et l'artisanat. Vous y puiserez au moins l'inspiration, même si vous ne cherchez rien de vraiment précis.

En quittant leur pays d'origine, les hommes transportent leur culture avec eux. Si une culture est prédominante dans un quartier non loin du vôtre, allez chercher sur les marchés des objets pittoresques qui exerceront chez vous leur fabuleuse séduction.

L'imagerie exotique

Les voyageurs des temps jadis ont rapporté des souvenirs de leurs expéditions. Allez chez les brocanteurs et les antiquaires, sur les marchés aux puces et dans les salles des ventes.

Même dans les vide-greniers du week-end, on trouve parfois une étonnante profusion d'articles, en particulier au printemps et en été. Le débarras des uns fera le trésor des autres.

Petits budgets

Si vos moyens sont très limités, un peu d'ingéniosité et de créativité, et le tour sera joué : les objets les plus ordinaires, voire quelconques, peuvent devenir éblouissants s'ils sont exploités de façon intéressante.

Coquillages, bois flotté ou vieux filets de pêche que vous trouverez au hasard de vos promenades suffisent pour donner à votre salle de bains un air de bord de mer. Rappelez-vous qu'il suffit de quelques objets et d'une couleur frappante aux murs pour que la pièce commence à acquérir sa nouvelle identité.

Autres destinations, autres cultures

Étudier l'art et l'artisanat d'une culture, dans les livres ou en flânant dans les boutiques, renseigne sur ses particularités. Les objets sont-ils en bois sombre ou clair ? Peints ou sculptés ? Le grain des céramiques est-il grossier ou fin ? Sont-elles de couleurs vives ou discrètes ?

à gauche en haut En matière d'accessoires, ne négligez absolument rien. Le bon choix d'un objet aussi modeste qu'un verre à dents peut constituer le détail suprême.

à gauche en bas Une coupe turquoise laquée remplie de savons constitue un point de mire intéressant.

Voyez ce qui vous inspire et tirez parti des mêmes principes dans votre propre intérieur. En enfilant des perles en verre de tailles différentes et en accrochant des colliers devant la fenêtre, vous évoquerez une merveilleuse atmosphère de Moyen-Orient : les couleurs, les jeux de lumière et le carillon des perles agitées par la brise feront naître une fascinante imagerie.

ci-dessus à gauche La peinture couleur brique sur l'un des murs fournit une toile de fond sensationnelle. Les objets reprennent presque la même teinte ocre brun soutenue.

ci-dessus Pour produire le même effet ethnique que sur cette charmante armoire de toilette, on peut patiner artificiellement un meuble ordinaire en le ponçant ou en le badigeonnant.

prenez vos mesures

Lorsqu'il s'agit de calculer les quantités de matériaux, la salle de bains pose un problème particulier. Dessinez sur une feuille un plan au sol respectant l'échelle, et reportez-y l'emplacement de la baignoire ou douche, lavabo, toilettes, etc.

La moquette spéciale pour salles de bains, dont l'envers est en latex ou en caoutchouc, est assez simple à poser, facile à manier et à couper. Notez la largeur du rouleau que vous avez choisi,

calculez combien de largeurs il vous faudra pour recouvrir le sol à l'endroit le plus large, puis calculez la longueur totale.

En ce qui concerne les carreaux (en céramique ou en liège), mesurez la totalité de la surface sans tenir compte des toilettes ni d'un lavabo sur colonne. Pour calculer le nombre nécessaire, divisez la surface au sol totale par la superficie d'un des carreaux que vous utiliserez, et ajoutez-y 10 % pour compenser les chutes.

PEINTURES

Utilisez des peintures lessivables résistant à l'eau : une peinture acrylique satinée, ou à l'huile mate pour les boiseries.

Pour une pièce de taille moyenne, vous n'aurez pas besoin de beaucoup de peinture. Il existe des bidons de 500 ml ou de 1 litre.

Estimer les quantités

• Tracer un plan sommaire de la pièce
• Diviser les surfaces pour faciliter le calcul : au-dessus de la porte, sous la fenêtre...
• Multiplier la largeur par la hauteur de chaque surface
• Additionner le tout pour obtenir le nombre de mètres carrés à recouvrir

• Pour une fenêtre à plusieurs panneaux, mesurez la largeur de tout le cadre, multipliez-la par la profondeur et considérez le résultat comme une surface continue.
• Pour une baie vitrée ordinaire, c'est-à-dire plus petite, procédez au même calcul mais déduisez 50 % de la surface.
• Pour une porte située dans l'alignement d'un mur, multipliez la hauteur de la porte par la largeur, et ajoutez 10 % pour les chants.
• Pour une porte lambrissée, comptez 25 % de plus.

N'hésitez pas à compter toujours un peu plus large. Il est judicieux de conserver un peu de peinture dans un pot à confiture étiqueté, en prévision de retouches ultérieures.

QUANTITÉS ET NOMBRE DE COUCHES

Avant de vous mettre à l'œuvre, étudiez la surface à peindre et déterminez le nombre de couches nécessaires. Cela dépend de la porosité de la surface, ainsi que de son revêtement. Voici quelques lignes directrices qui pourront servir à vos prévisions :

• Pour peindre une surface neuve ou du bois brut, comptez trois couches : couche d'apprêt, sous-couche et couche de finition.
• Pour repeindre : une à deux couches.
• Pour des murs ou un plafond nus : l'apprêt est inutile. Passez une ou deux couches d'émulsion.
• Dans le commerce, les peintures se vendent généralement en bidons de 500 ml, 1 litre, 2,5 litres, 3 litres, 4 litres et 5 litres. Certaines marques proposent des pots plus petits (de 250 ml, 100 ml ou 50 ml).

Ce que va couvrir 1 litre de peinture

En principe (sur un support préparé, ayant déjà été peint), 1 litre de peinture couvrira les surfaces suivantes :

Apprêt universel	10-12 m²
Laque	15 m²
Laque monocouche	10 m²
Sous-couche d'émulsion	10-12 m²
Couche finale d'émulsion	12-14 m²

CARRELAGE MURAL EN CÉRAMIQUE

Les carreaux de céramique, matériau qui constitue une protection tout à fait idéale contre les projections d'eau et l'humidité ambiante, sont donc fréquemment utilisés pour décorer les salles de bains. Il en existe de toute sorte.

Empêcher les infiltrations d'eau

Il est primordial de rendre étanches les espaces situés derrière les lavabos et les baignoires. Pour ce faire, utilisez un enduit d'étanchéité en silicone élastomère ou une bande de plastique imperméable, que vous fixerez avec l'adhésif fourni ou avec un enduit en silicone élastomère transparent. Les quadrants en céramique pour les bordures existent dans des coloris assortis. Fixez-les au mur à l'aide d'une colle imperméable et appliquez soigneusement à la jonction de la baignoire ou du lavabo un enduit d'étanchéité en silicone élastomère.

Douches

Le plus souvent, une cabine de douche utilisera deux des murs de la pièce, mais dans le cas où une troisième cloison devrait être construite, choisissez du contreplaqué marin sur une structure en bois prétraité. Le contreplaqué ne craindra pas l'humidité.

Utilisez impérativement de la colle et de l'enduit résistants à l'eau. Le plus important, dans une cabine de douche, c'est que les interstices soient soigneusement bouchés, en particulier à la jonction entre le carrelage et le receveur. Celui-ci doit être rigide et non souple, et l'endroit de jonction doit être parfaitement sec au moment où vous allez appliquer l'enduit d'étanchéité

QUANTITÉS DE CARREAUX DE CÉRAMIQUE

Évaluer le nombre de carreaux nécessaires à couvrir une surface déterminée est une opération extrêmement délicate. Il faut procéder par étape et être très rigoureux.

1 Déterminez d'abord la dimension des carreaux. Les formats standard font généralement 10, 15 ou 20 cm de côté. Il existe de nombreux modèles de carreaux plus grands ou plus petits, ou de forme différente – rectangulaire, par exemple. On trouve aussi toutes sortes de cabochons, de frises de mosaïque toutes faites, de listels ou de moulures.

2 Tenez compte du nombre de carreaux de bordure (dont l'un des rebords sera vernissé) qu'il vous faudra pour les angles extérieurs ou les pourtours de fenêtres. Au moment de commander, assurez-vous que vous n'en manquerez pas.

Aujourd'hui, cependant, ces carreaux ne se font pratiquement plus : presque tous ont des bordures universelles, c'est-à-dire vernissées sur tous les côtés.

3 Pour bien calculer le nombre nécessaire, dessinez le plan de votre mur sur du papier quadrillé, un carré équivalant à un carreau de céramique. En prenant chaque carreau comme unité de mesure, multipliez le nombre horizontal par le nombre vertical pour obtenir le total nécessaire. Comptez 10 % de plus pour faire bonne mesure.

4 Notez le nombre total de carreaux ordinaires et de carreaux de bordure qu'il vous faudra, et vérifiez que votre commande est bien issue du même lot. Il est déconseillé de s'approvisionner chez des fournisseurs différents, car la finition des carreaux de céramique peut varier à la cuisson.

Utilisez un enduit en silicone élastomère, soit transparent soit d'un coloris se rapprochant le plus possible de celui du receveur. Laissez-le sécher avant d'utiliser la douche. Suivez toujours scrupuleusement les instructions du fabricant qui se trouvent sur la notice.

Application de l'enduit d'étanchéité

Il est parfois difficile d'obturer complètement les interstices. Certains pistolets sont équipés d'applicateurs biseautés qui aident à modeler l'enduit au moment où il sort de la cartouche, mais, avec un embout droit, la meilleure manière d'obtenir un résultat propre est de poser au préalable une bande de papier adhésif de part et d'autre du support à enduire. Appliquez l'enduit entre les deux rubans et, pendant qu'il est encore frais, humectez votre doigt et passez-le rapidement tout le long de l'enduit tout en appuyant pour le façonner à votre convenance. Puis, sans attendre, décollez précautionneusement le ruban adhésif ; vous obtenez un cordon d'enduit bien net. Si, par mégarde, un peu d'enduit a débordé et commence à durcir, laissez-le sécher, puis coupez-le proprement avec un cutter.

glossaire

ADHÉSIF
Colle puissante. Il en existe différentes
sortes selon les matériaux à coller.

BADIGEON
Application irrégulière de plusieurs couches
peu couvrantes de peinture à l'eau,
pour créer de subtils voiles translucides.

CAILLEBOTIS
Panneau de lattes de bois évitant le contact
avec une surface glissante dans la douche
ou sur du carrelage.

CARREAUX DE MOSAÏQUE
Petits carrés décoratifs en pâte de verre
ou en miroir, de 2,5 cm de côté ou moins.
Ils existent en tronçons autocollants.

CONDENSATION
Humidité superficielle causée par de l'air
chaud et humide au contact des surfaces
froides. Peut être réduite par la ventilation.

CORBEAU
Pierre, pièce de bois ou de métal en saillie,
soutenant un encorbellement, l'extrémité
d'une poutre, ou une corniche.

ÉCLAIRAGE
Ne posez jamais d'appareils ou de lampes
électriques risquant d'être en contact
avec l'eau.

ÉLÉMENT SOUS-VASQUE
Bloc lavabo et coiffeuse.

ENDUIT
Préparation que l'on applique dans
les fissures afin de former une surface
totalement étanche, autour d'une baignoire
ou d'un lavabo.

EXTRACTEUR
Un ventilateur d'extraction électrique
actionné par un commutateur est parfois
nécessaire pour une aération appropriée.
Certains se déclenchent automatiquement.

FRISETTE
Planches fines utilisées pour former
un panneau lambrissé.

LAVABO SUR COLONNE
Lavabo supporté par son propre pied.

LAVABO MURAL
Lavabo fixé au mur.

LINOLÉUM
Revêtement de sol imperméable à base
de fibres naturelles, d'huile de lin,
de gommes et de résines, disponible dans
toute une gamme de couleurs.

MASTIC
Jointoiement entre les carreaux
de céramique. Employez toujours un mastic
qui ne s'altérera pas. Il existe du mastic
de couleur.

**MÉLANGEUR MIXTE BAIGNOIRE
ET DOUCHE**
Robinets assortis d'un flexible remplaçant
des robinets de baignoire ordinaires.

PLINTHES
Pour une bonne étanchéité, préférez celles
en carreaux de céramique.

POCHOIR
Plaque comportant un motif découpé sur
laquelle on passe une brosse ou un pinceau
pour reproduire le même dessin autant
de fois qu'on le voudra.

POINTILLÉ
Technique très appréciée de peinture
décorative grâce à laquelle on vieillit
artificiellement la surface désirée
en appliquant une brosse spéciale sur
une couche de peinture humide,
afin de la briser en une masse de pointillés.

REVÊTEMENT PROTECTEUR
Derrière le lavabo ou la baignoire, surface
généralement carrelée, qui évite
les infiltrations d'eau. On peut envisager
d'autres matériaux, comme un miroir,
du bois traité ou du métal.

ROBINET MÉLANGEUR
Appareil d'une seule pièce pour lavabos
ou baignoires, à bec unique et muni
de deux robinets.

ROBINET MONOBLOC
Appareil d'une seule pièce muni d'un seul
bec, pour lavabos ou baignoires.

VASQUE
Grand lavabo composé d'une seule pièce,
intégré à son environnement.

VENTILATION
Essentielle au confort d'une salle de bains.
Installez un extracteur électrique
si la ventilation naturelle est insuffisante.

VINYLE
Matériau universel résistant utilisé pour
les revêtements au sol, au mètre
ou en dalles. Existe dans une multitude
de motifs différents.